O PESCOÇO
DA
GIRAFA

PÍLULAS DE HUMOR

POR

MAX NUNES

O PESCOÇO DA GIRAFA

PÍLULAS DE HUMOR

POR

MAX NUNES

Seleção e organização:
RUY CASTRO

1ª reimpressão

COMPANHIA DAS LETRAS

Copyright © 1997 by Max Nunes

Capa:
Carlos Matuck e Hélio de Almeida

Projeto gráfico:
Hélio de Almeida

Preparação:
Isabel Cury

Revisão:
Carlos Alberto Inada
Beatriz Moreira

Dados Internacionais de Catalogação na Publicação (CIP)
(Câmara Brasileira do Livro, SP, Brasil)

Nunes, Max
O pescoço da girafa : pílulas de humor por Max
Nunes / seleção e organização Ruy Castro. — São
Paulo : Companhia das Letras, 1997.

ISBN 85-7164-736-4

1. Humorismo brasileiro I. Castro, Ruy, 1948
- I. Título.

97-4926   CDD-869.975
Índices para catálogo sistemático:

1. Humorismo : Século 20 : Literatura brasileira 869.975
2. Século 20 : Humorismo : Literatura brasileira 869.975

1998

Todos os direitos desta edição reservados à
EDITORA SCHWARCZ LTDA.
Rua Bandeira Paulista, 702, cj. 72
04532-002 — São Paulo — SP
Telefone: (011) 866-0801
Fax: (011) 866-0814
e-mail: coletras@mtecnetsp.com.br

ÍNDICE

❖

Quatro pecinhas policiais 7

O delegado e o preso 9

Duplo assalto 11

O morto no banheiro 13

O nome roubado 16

A pulga contra-ataca — As frases de Max 19

Cenas de um casamento 49

O microbiologista 51

O filho desejado 54

A hora do chá 58

Pedindo a palavra 59

O computador 60

Grandes personagens da História 65

Luís XV 67

Henrique VIII 68

O corcunda de Notre-Dame 69

Dom João VI 70

Criança, nunca verás um país como este 73

Pithecanthropus corruptus 75

Pernas 77

Os Silva 78

Futebol 79

Fla-Flu 82

Ser pai 83

Nega fulera	83
Crenças	86
O Antoninho	88
A roupa do homem	90
Marias	92
Vento nu	95
Cheguei	95
O cronista com coração	97
Quero voltar a ser eu	99
O mata-borrão	100
O pé	101
Homeopoesia	102
Velho, sim; idoso, não	103
A bula	104
A volta de *A bula*	105
Lições de português	106
Os chatos da língua	107
A mancha de batom	108
Homem-ônibus	110
Epidemias súbitas	112
O transplantado	113
O ovo	115
Evoé!	116

QUATRO PECINHAS
POLICIAIS

O DELEGADO E O PRESO
. . . .

Cena: delegacia. Preso no xadrez,
guarda vigiando. Delegado chega e se dirige
ao guarda, sem ver ainda quem está na cela.

✳

Delegado (para o guarda): Alguma ocorrência?

Guarda: Tem um vagabundo aí no xadrez.

Delegado: Como é a peça?

Guarda: Estelionatário, cheques sem fundos, desfalques...

Delegado: Espera no meu gabinete que eu vou conversar com esse malandro. (*Guarda sai. Delegado aproxima-se das grades. Olha e leva um susto.*) Não!!!

Preso (quase ao mesmo tempo): Não!!!

Delegado (surpreso): Aracati?!

Preso (surpreso): Eusébio?! Digo, doutor Eusébio?!

Delegado: Meu melhor amigo de infância, meu colega de ginásio! Como é que isso aconteceu, Araca???

Preso: Coisas do destino, doutor Eusébio.

Delegado: Araca, que negócio é esse de doutor Eusébio? Me chama como você me chamava nas nossas peladas. Eu era o Bicó e você o Araca, lembra?

Preso: Isso foi antigamente. Agora nós estamos em posições opostas. O senhor é uma autoridade e eu um marginal.

Delegado: Não fala assim, Araca. (*Enfia a mão entre as grades.*) Venha de lá um aperto de mão!

Preso (*recusando*): Não faça isso, doutor Eusébio. A lei não permite à autoridade apertar a mão de um delinqüente.

Delegado (*constrangido*): Araca, você se lembra de quando a gente brincava de soldado e ladrão?

Preso: Lembro. Engraçado é que, na brincadeira, o soldado era eu.

Delegado: Eu não consigo olhar você como um marginal!

Preso: Mas eu consigo. Tenho consciência de classe.

Delegado (*pega a chave para abrir a cela*): Araca...

Preso (*advertindo*): Vai abrir a cela?

Delegado: Para a gente conversar mais à vontade no meu gabinete.

Preso (*impedindo que ele abra a cela*): Não aceito regalias. Exijo ser tratado como um preso comum.

Delegado: Então eu entro e converso com você aí dentro, tá?

Preso: Não pode. Nem eu posso sair daqui como preso, nem o senhor pode entrar como autoridade.

Delegado: Olha, Araca, eu vou deixar a porta do xadrez aberta.

Preso: Doutor Eusébio, se o senhor deixar a porta aberta eu fujo.

Delegado: Você não vai fazer uma coisa dessas para me comprometer.

Preso: Faço. Sou preso, e preso, podendo fugir, foge.
Guarda (*entra com a marmita para o preso*): Sua marmita. (*Preso vai pegar a marmita. Delegado impede.*)
Delegado: Espera aí, Araca. (*Olha a marmita, faz cara feia, tira dinheiro do bolso e entrega ao guarda.*) Pega ali no restaurante um filé com fritas pra ele.
Preso (*protestando*): Mordomia, não! Preso com consciência de classe não aceita favor de autoridade. (*Pega a marmita e prova a comida.*)
Delegado (*preocupado*): Como é que está a comida, Araca?
Preso (*feliz*): Muito melhor do que eu pensava.
Delegado (*satisfeito*): É? E como é que está?
Preso: Péssima.

DUPLO ASSALTO

· · · ·

Cena: uma esquina escura. Homem parado no meio da rua. Chegam dois assaltantes, vindos um de cada lado, armados e falando quase ao mesmo tempo.

✱

Os dois (*em quase uníssono*): Mãos ao alto!
Homem (*levantando os braços*): Oh!
Assaltante 1: Um momento, colega. Eu cheguei primeiro.

Assaltante 2: O colega está equivocado. Quem chegou primeiro fui eu.

Assaltante 1: Não é verdade. Quando eu acabei de dizer "ao alto", o senhor ainda estava em "mãos".

Assaltante 2: Absolutamente. Eu trabalho dentro da maior ética. Jamais roubei clientes de um colega.

Assaltante 1: Eu invoco o testemunho do cliente. (*Para o homem:*) O senhor, que tem uma aparência de pessoa honesta. Quem lhe apontou primeiro a arma?

Homem: Os senhores me desculpem, mas eu não gosto de dar palpite no trabalho dos outros.

Assaltante 2: Colega, o cliente está sendo retido desnecessariamente.

Assaltante 1: Culpa sua. Se não fosse o colega, o cliente já teria sido atendido, despachado e já estaria a caminho de casa. (*Para o homem:*) Pode abaixar os braços.

Homem (*abaixando os braços*): Obrigado.

Assaltante 2: Então, como vamos resolver esse impasse?

Homem: Posso dar uma sugestão? Eu estou com duzentos na carteira. Cem para cada um.

Assaltante 1: Não, senhor, eu não trabalho com abatimento.

Assaltante 2: Eu também não. É tudo ou nada. Sem desconto.

Assaltante 1: Então não tem assalto.

Assaltante 2: Não tem assalto. (*Para o homem:*) O senhor está liberado. Boa noite.

Assaltante 1: Boa noite. (*Saem cada qual para seu lado.*)

Homem (*aliviado*): É por isso que eu digo: quanto mais ladrão, melhor.

O MORTO NO BANHEIRO
· · · ·

Cena: sala. Mesinha de jogo. Sobre a mesa,
dois baralhos. Sobre outra mesinha, um bolo de aniversário
e uma caixa de presente com uma camisa.
Mulher (*aparentemente nervosa*) *responde a um detetive.*

✳

Detetive: A que horas a senhora encontrou o seu marido morto dentro da banheira?

Mulher: Às sete horas da manhã.

Detetive (*consulta o relógio*): E só agora, à meia-noite, a senhora comunicou à polícia?

Mulher: É que eu não gosto de incomodar os outros. Eu sei que os senhores da polícia têm tantos problemas para resolver que eu não queria incomodá-los logo assim de manhãzinha.

Detetive: A senhora até agora não falou com ninguém?

Mulher: Com ninguém. Nem com a manicure que esteve aqui fazendo as minhas unhas, nem com a costureira que veio experimentar um vestido, nem com o

13

maestro que veio dar aula de bateria para o meu filho. Não toquei no assunto com nenhum deles.

Detetive: Bem, com licença, que eu vou examinar o corpo.

Mulher: Antes o senhor não quer tomar um uisquinho?

Detetive: Obrigado, eu não bebo enquanto estou trabalhando.

Mulher: Um pedaço de bolo o senhor aceita, não aceita?

Detetive: Não, senhora, obrigado.

Mulher: É um bolo que eu fiz para o aniversário dele, que, aliás, é hoje.

Detetive: Eu não como enquanto estou trabalhando.

Mulher: Veja o azar: morrer logo no dia do aniversário. Eu tinha comprado uma camisa para dar de presente para ele. O senhor quer ver?

Detetive: Eu prefiro ver o corpo.

Mulher: Tem tempo, ele não vai sair de lá, não. (*Pega a camisa e exibe.*) Não é bonita?

Detetive: Muito bonita.

Mulher: Leva pro senhor.

Detetive: Não, não, obrigado. (*Tenta voltar ao caso.*) A senhora então entrou no banheiro e encontrou o seu marido morto dentro da banheira?

Mulher: Penso que ele deve ter morrido dentro da banheira, porque, se tivesse morrido fora, como é que podia ter entrado na banheira depois de morto?

Detetive: E como é que a senhora fez para entrar no banheiro? Arrombou a porta?

Mulher: Não, senhor. A porta estava aberta.

Detetive: Era costume dele tomar banho com a porta aberta?

Mulher: Era, porque, aqui em casa, como somos só eu, meu marido, minha mãe, meu filho, a empregada, o motorista e o jardineiro, todos tomam banho com a porta aberta.

Detetive (*pegando os baralhos*): Esperavam visitas para esta noite?

Mulher: Uns amigos para jogar um biribinha. O senhor gosta? Se gosta, pode sentar.

Detetive (*distraído, senta-se*).

Mulher (*entrega-lhe os baralhos*): Pode cortar.

Detetive (*distraído, corta*).

Mulher (*começando a dar as cartas*): Curinga vale vinte pontos e a partida é de três mil. Só pode bater de canastra real.

Detetive (*caindo em si e levantando-se*): A senhora está me perturbando. Eu vim aqui para outra coisa!

Mulher: Que coisa?

Detetive: Seu marido está morto e eu estou aqui para resolver o seu problema.

Mulher: O senhor não pode deixar isso para outro dia? Eu sou uma viúva muito recente.

Detetive: É o problema da morte do seu marido, minha senhora! Com sua licença! (*Vai se afastando para o interior da casa.*)

Mulher: Aonde é que o senhor vai?

15

Detetive: Ao banheiro!

Mulher: Então, por favor, use o da empregada, porque, no outro, está meu marido morto dentro da banheira.

O NOME ROUBADO

. . . .

Cena: delegacia. Delegado na mesa. Entra investigador.

❊

Investigador: Seu delegado, tem um caso aí fora que eu não sei resolver. Nunca vi uma coisa dessas.

Delegado: Manda entrar.

Investigador (grita para fora): Psssiu! Ô, seu! Psssiu!

Homem (humilde, entra): Dá licença?

Investigador: Conta aí pro delegado.

Delegado: Qual é o caso?

Homem: O caso, doutor, é que eu fui assaltado ali na esquina e roubaram o meu nome.

Delegado: Roubaram o quê?

Homem: O meu nome, doutor.

Delegado: Roubaram o seu nome?

Homem: Isso mesmo, seu delegado. E eu estou aqui para apresentar queixa.

Delegado: Como é o seu nome?

Homem: Eu não estou dizendo ao senhor que roubaram o meu nome?

Delegado (*para o investigador*): Manda dar uma busca aí pela rua pra gente pegar esse ladrão.

Investigador (*saindo*): Pois não, seu delegado.

Delegado: O senhor tem certeza de que roubaram o seu nome?

Homem: Tenho, doutor. Quando saí de casa eu estava com meu nome. Tanto que, na rua, quando eu passei por um amigo, ele me cumprimentou: "Como vai você, ô... ô...?". E disse o meu nome.

Delegado: Sou delegado há mais de vinte anos e nunca vi, nem soube, de um caso como esse: roubo de nome.

Homem: E o pior, seu delegado, é que meu nome não está no seguro.

Delegado: Relaxo seu. Se estivesse, eles lhe dariam um nome novo.

Homem: Mas eu não ia aceitar. Meu nome já estava usado, mas era de estimação. Foi um presente que minha mãe me deu no dia em que eu nasci.

Delegado: Se o senhor ouvir o seu nome, o senhor se lembra?

Homem: Certamente, doutor.

Delegado: É nome estrangeiro?

Homem: Não, senhor. Artigo nacional mesmo.

Delegado: Será que é Pedro, João, José, Roberto, Paulo...

Homem: Nenhum desses, doutor.

Delegado: Vai ser difícil descobrir.

Investigador (*chega, trazendo o ladrão*): Peguei o ladrão ali na esquina!

• O PESCOÇO DA GIRAFA

Homem (*reconhecendo*): Foi ele, doutor. Foi ele que roubou o meu nome!

Delegado: Calma. (*Para o ladrão*:) Como é o seu nome?

Ladrão: Jorge.

Homem (*exultante*): Jorge! É esse o meu nome! Eu quero o meu nome de volta!

Delegado: Devolva o nome dele já, seu canalha!

Ladrão: Está bem, pode ficar com seu nome.

Homem: Obrigado, seu delegado. Qualquer coisa que o senhor precisar, pode me chamar. Meu nome é Jorge. Passe bem, seu delegado. (*Sai.*)

Delegado (*para o ladrão*): Agora vamos conversar. Seu nome todo?

Ladrão: Mão de Cabrito.

Delegado: Perguntei o nome.

Ladrão: Eu não tenho nome, doutor.

Delegado: Vagabundo! Quando chegou aqui você não disse que se chamava Jorge?

Ladrão: É que eu tinha roubado aquele nome pra mim. Mas o senhor mandou devolver...

18

A PULGA CONTRA-ATACA

As frases de Max

ACUPUNTURA
• • • •

Se acupuntura resolvesse, porco-espinho não ficava doente.

AMOR
• • • •

"A conquista é tudo, o resto é quase nada", diz um dom-juan. O resto, para ele, deve ser tomar banho, vestir-se e ir para casa.

ANATOMIA

Anatomia é uma coisa que só fica bem em mulher.

ANIMAIS
• • • •

Freguês: Por que esse papagaio custa tão caro?

Vendedor: É uma papagaia. Custa caro porque bota ovo quadrado.

Freguês: E ela fala?

Vendedor: Fala. De vez em quando, diz "Ai!".

ARITMÉTICA

· · · ·

Bóia-fria comendo em marmita é uma divisão exata: não deixa resto.

★

A ordem dos fatores não altera o produto, se este for de péssima qualidade.

★

No Brasil, o que seria dos algarismos romanos se não fossem dom João VI, dom Pedro I e dom Pedro II?

❖

ARQUEOLOGIA

· · · ·

Na Turquia, arqueólogos acabam de encontrar, no monte Ararat, o esqueleto de um homem com uma costela de menos, ao lado do fóssil de uma maçã embrulhada numa folha de parreira. Os cientistas pensam tratar-se do esqueleto de Nabucodonosor.

ATLETAS DE CRISTO

· · · ·

Os Atletas de Cristo, descontentes, estão procurando um novo preparador físico.

AVIÃO

· · · ·

Cena curta na ponte aérea.

Passageiro procurando puxar conversa: Vai pro Rio?

Passageiro que não quer conversa: Vou. Meu nome é Alfredo, tenho cinqüenta e oito anos, trabalho numa companhia de seguros, sou casado, pai de dois filhos, um de dez, outro de doze, minha mulher se chama Helena, moro na Gávea, sou Flamengo e não abro, tenho um irmão advogado, não fumo, não bebo, o custo de vida está uma desgraça e ainda não sei em quem vou votar na próxima eleição. Ah! Ia me esquecendo: já fui operado da próstata e agora com licença que eu quero ler o jornal.

BAIANO

· · · ·

Baiano não morre. Apenas pára de comer farinha.

BEBUNS

· · · ·

Disse o abstêmio para o bebum: Fígado a álcool... você ainda vai ter um!

★

Ninguém conhece melhor um uísque falsificado do que um legítimo bebum.

BEIJO
. . . .

Microbiologistas americanos afirmam que, num simples beijo na boca, trocam-se mais de dois mil bacilos. É um massacre: alguns são engolidos, outros se afogam na saliva e inúmeros morrem esmagados.

★

O beijo é uma porcaria amorosa.

BELEZA
. . . .

Aviso às mulheres (e também aos homens): rabo-de-cavalo só fica bem no cavalo.

BRASÍLIA
. . . .

Fica em Brasília a praça dos Três Poderes:
1. Poder viajar
2. Poder receber
3. Poder descansar

CASAMENTO
. . . .

Marido e mulher só olham na mesma direção quando a televisão está ligada.

★

O marido astronauta para a mulher também astronauta:
Até que Marte nos separe.

★

Marido é aquele que dita as leis em casa. Mas aceita uma porção de emendas.

CAVALO
· · · ·

Cavalo não tem ego nem superego. Tem égua e superégua.

Com carne
de cavalo
faz-se muita coisa,
inclusive
o cavalo.

CENSURA
· · · ·

Durante a ditadura,
A censura
Proibiu a minha mão
Para leitura.

CONSELHO
. . . .

Quedas que um homem deve evitar:
Cair em tentação
Cair em depressão
Cair em contradição
Cair numa esparrela
Cair na compulsória
Cair na boca do povo
Cair na farra
Cair em si
Cair de quatro

CUIDADOS
. . . .

Há certas coisas na vida
que a gente não pode deixar passar.
Principalmente se for goleiro.

DENTES
. . . .

Um tubo de dentifrício pode chegar a durar um ano. Isso, claro, se você tiver só um dente.

DEUS
· · · ·

Segundo a Bíblia, Deus fez o mundo em seis dias, mas não ficou grande coisa.

DIETA
· · · ·

Em matéria de morangos, o creme não compensa.

DUELO
· · · ·

Num duelo, vale mais a ausência de corpo do que a presença de espírito.

DÚVIDAS
· · · ·

Será que o domingo da folhinha é vermelho porque passa o dia na praia?

★

O seu conta-gotas conta mesmo as gotas ou você tem de dar uma mãozinha?

★

Como se chamava Frederico, o Grande, quando era pequeno?

EDUCAÇÃO
. . . .

Levou dez anos ensinando uma besta a falar. Quando ela falou, ele ficou besta.

EGITO
. . . .

O nariz de Cleópatra prova que ela viveu muito antes da cirurgia plástica. E morrer picada por uma cobra foi o fim da picada.

◰◰◰◰◰◰◰◰◰◰◰◰◰◰◰◰◰

Anúncio no Egito antigo:

**PARA FARAÓ, VOTE EM RAMSÉS II.
OS OUTROS SÃO UMAS MÚMIAS!**

◰◰◰◰◰◰◰◰◰◰◰◰◰◰◰◰◰

EPITÁFIO
. . . .

Num cemitério, sobre uma laje:
Foste um mau pai
Foste um mau marido
Foste um mau filho
Foste um mau amigo
Foste um mau irmão
Foste um mau cristão
Enfim: foste!

ESPERMATOZÓIDES

Cientistas russos calcularam a velocidade de um espermatozóide: ele pode fazer até sessenta quilômetros por hora! O que lhe falta é uma pista maior para desenvolver essa velocidade.

ESPERTEZA

Jóquei é o que ganha dinheiro nas costas dos outros.

FALSA CULTURA

O microscópio é um animalzinho
que transmite doenças.

Escória
é o resultado de um jogo
de futebol.

Henrique VIII foi um dos Henriques: o segundo.

★

Descalabro é um enfeite de cristal, cheio de lâmpadas, que se pendura nos tetos das casas.

★

As pessoas que nascem em Madagáscar chamam-se mascates.

★

Hidrofobia é a camada líquida que envolve a Terra.

★

Presbítero é um sinônimo de adúltero.

★

Complexo: sinônimo de abraço.

★

Marquise: a mulher do marquês.

Mamute é o pretérito passado do verbo mamar.

★

Acareação é uma doença dos dentes.

★

Polígono é um sujeito que tem várias mulheres.

★

**O trópico
é uma linha imaginária que sofre de câncer.**

★

Equimose: língua falada pelos esquimós.

FEIÚRA
. . . .

Tenho um amigo tão feio que o barbeiro só faz a barba dele com uma navalha cega.

★

Quando a cegonha chegou à casa dos meus vizinhos para entregar a encomenda, o garoto era tão feio que eles ficaram com a cegonha e devolveram o menino.

Na caveira,
O crânio descarnado
É feio e oco.
O que o faz bonito
É o reboco.

FERTILIDADE
. . . .

Um cientista de Chicago conseguiu criar vida dentro do laboratório: sua enfermeira está grávida.

FILHOS
. . . .

Filho único é uma coisa tão chata que não há no mundo quem tenha dois.

★

Filha: Mãe, a senhora não disse que a maneira mais fácil de a mulher prender um homem é pelo caminho do estômago?

Mãe: Disse. Por quê?

Filha: É que eu descobri um caminho novo.

FUNCIONALISMO

· · · ·

❖

Como é que essa gente que não faz nada durante o expediente pode saber quando acaba o serviço?

GAYS

· · · ·

Em San Francisco, cidade da Califórnia em que os gays são em grande número, um engenheiro inventou um relógio cujo ponteiro dá uma volta completa toda vez que por ele passa uma bicha. Resultado: o relógio virou ventilador.

★

Na Suécia, o terceiro sexo está crescendo tanto que, lá, só se sabe quem é homem e quem é mulher porque as bicicletas são diferentes.

★

Na Itália, Giuseppe Mazzini, ao ver seu filho gay chegar em casa na companhia de um rapaz alto, forte, louro e de olhos azuis, não se conteve: expulsou o filho de casa. Mas ficou com o rapaz.

★

Pai paraibano, tomado por acesso de raiva, pegou os brincos do filho, os batons, as perucas, os sutiãs e os cílios postiços, botou tudo num liquidificador, bateu e produziu um suculento suco de viado.

GEOMETRIA
· · · ·

❖
Por que tantas mesas redondas
são ocupadas
por bestas quadradas?

GUERRA
· · · ·

Só acabou a Guerra de 14
Quando os americanos mandaram quinze.

HISTÓRIA
· · · ·

Eu tinha quatro anos quando Pedro Álvares Cabral descobriu o Brasil na minha cartilha.

★

Segundo a História, o Brasil ficou independente em 1822. Mas isso é história.

HOMEM
· · · ·

O homem é um animal que se casa para ter um lar e, logo depois, começa a engraxar o sapato na esquina, a fazer a barba no barbeiro, a almoçar em restaurantes, a lanchar no Bob's, a jantar em boates e a se apaixonar perdidamente pela secretária.

IDADE
· · · ·

Com os métodos modernos de rejuvenescimento, as pessoas estão morrendo cada vez mais jovens.

★

A terceira idade não existe: é a última.

INVENÇÕES
· · · ·

No dia em que um padeiro tapou o buraco da rosca, estava inventada a bolacha.

★

O discreto inventou as reticências
O fofoqueiro inventou as aspas
O cético, a interrogação

34

O complicado inventou o trema
O escandaloso, a exclamação
A mosca inventou a cedilha
E o sem-assunto inventou o ponto final
Do qual eu me valho agora.

LUA
· · · ·

Com Marte finalmente ao alcance do homem, a Lua ficou ali na esquina. Fico imaginando algumas frases que serão ditas quando o homem começar a colonizar o satélite:

— **Menino, não pise no tapete com esses pés sujos de lua!**

★

— Gosto de olhar você com esses olhos que um dia a lua há de comer.

★

A minhoca é um animal que vive embaixo da lua.

★

Minha lua tem palmeiras onde canta o sabiá.

★

Criado um novo antibiótico: a luamicina.

★

Venha você também para a lua de Marlboro.

★

Programada para sábado a passeata dos sem-lua.

LUCRO
· · · ·

*Na verdade,
a parte mais rica do boi
ainda é o açougueiro.*

MÃES
· · · ·

Na Califórnia, amamentar em público é considerado um ato obsceno. Principalmente se a mãe estiver acompanhada do marido e sem a criança.

MEDICINA
· · · ·

Cena: hospital.

Enfermeira: Eu preciso saber o seu nome para avisar à sua família.

Acidentado: Basta a senhora avisar, porque o meu nome, a minha família já sabe.

★

Chamava-se Jesus e,
Tal como Jesus,
Morreu na cruz.
Na Cruz Vermelha.

NOVOS PROVÉRBIOS

. . . .

Quem é bom já nasce feto.

★

Quem não deve não treme.

★

Quem tudo quer tudo pede.

★

Quem ama o feio é cirurgião plástico.

★

De grão em grão a galinha enche e eu papo.

★

Um dia a caspa cai.

★

O que um mudo
diz não se escreve.

★

A pressa é a inimiga da refeição.

★

Depois da tempestade vem a enchente.

★

Quando um não quer, o outro apaga a luz e dorme.

★

Aqui se faz, aqui se paga: ou a Deus no céu ou ao imposto de renda.

★

Rindo é que a gente se entende.

NUDISMO
· · · ·

A grande vantagem do nudismo é que se pode viajar sem malas.

POLÍCIA
· · · ·

O criminoso, ao ser interrogado na delegacia, causou uma péssima impressão digital.

★

Com tantas fugas de presos, nossas penitenciárias de segurança máxima já estão sendo chamadas de *Sempre Livre*. Procuram-se delegados com espírito de *Tampax*.

❖

No Brasil, o que pega fogo com mais facilidade não é o álcool nem a gasolina. É colchão de penitenciária.

POLÍTICOS
· · · ·

Ladrão que rouba ladrão às vezes ganha eleição.

★

Novo dispositivo interno para moralizar a Câmara: nenhum deputado poderá sair antes de chegar.

★

As eleições estão chegando. Escolha bem seus candidatos, para não trocar apenas um corrupto antigo por um corrupto novo.

POLUIÇÃO

· · · ·

Tossir ou não tossir, eis a questão.
Quem é que agüenta essa poluição?
Pó de cimento, de enxofre, de carvão,
Fazendo piquenique no pulmão.
Respirar, bufar, fungar,
Talvez morrer, quem sabe?
Homem feliz é o que não tem nariz.
Pobre Paulicéia,
A tua dispnéia causa dó
E o teu Tatuapé virou tatuapó.
Se o príncipe dom Pedro, decidido,
Tivesse respirado ar tão poluído
No momento crucial da sua zanga,
Em vez do grito, que emitiu aflito,
Teria dado — o espirro do Ipiranga.

O PRESIDENTE & SEU VICE

· · · ·

Fernão de Magalhães foi o primeiro homem a dar a volta ao mundo. Mas Fernando Henrique não será o último.

★

Hitler incentivou o nazismo
Mussolini, o fascismo
Stalin, o comunismo
Franco, o franquismo
Salazar, o salazarismo
Fernando Henrique, o turismo

★

Como é que o nosso presidente, sendo ateu, pode ser bom "de voto"?

★

Se o Marco Maciel fosse livro não ficava em pé na estante.

★

Em frente à rampa do palácio
parou um carro vazio.
Dele desceu o Marco Maciel.

PROFESSORES
· · · ·

Com os salários de fome que ganham no Brasil, os professores do primeiro grau nunca deixam de ir à escola. Mas não é só para dar aula. É por causa da merenda.

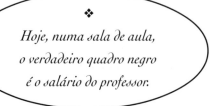

Hoje, numa sala de aula,
o verdadeiro quadro negro
é o salário do professor.

PSICANÁLISE

. . . .

Depois de Freud, o sonho, além de não ser uma realidade, tornou-se uma imoralidade.

Freud explica pelo menos uma coisa: o número absurdo de divãs que se vendem no mundo.

PUDOR

. . . .

Os vaga-lumes são os mais envergonhados dos insetos: quando estão fazendo amor, apagam a luz.

★

Namorado: Meu bem, hoje a gente podia se amar como dois cachorrinhos apaixonados. Você topa?

Namorada: Topo. Mas vê se escolhe uma rua onde não passe muita gente.

RELATIVIDADE

. . . .

Educação — é aquilo que nos faz olhar o bife maior e tirar o menor.

Cinismo **— é aquilo que nos faz olhar o bife menor e tirar o maior.**

Miséria — é aquilo que nos faz olhar o bife maior e o bife menor e não tirar nenhum.

Gula — é aquilo que nos faz olhar o bife menor e o bife maior e comer os dois.

★

Para o banhista: o mar molha a areia.
Para o prefeito: o mar suja a areia.
Para o geógrafo: o mar carrega a areia.
Para o poeta: o mar beija a areia.

RESTAURANTE

Aviso num restaurante do Amapá:

EM VIRTUDE DE A GALINHA TER AMANHECIDO DOENTE, A CANJA DE HOJE FICA TRANSFERIDA PARA AMANHÃ.

Na Albânia, nos últimos cinco anos, o cidadão Louis-Pierre Godot só tem se alimentado de capim. Quando o garçom lhe pergunta se quer o antepasto, ele diz: "Não. Traga só o pasto".

★

Um famoso e sofisticado restaurante de Paris vinha distribuindo aos mendigos, todo fim de noite, a comida que sobrava dos pratos dos grã-finos. Mas os mendigos não querem mais. Estão fartos de lagosta, salmão, caviar e faisão.

★

Uma lanchonete da Zona Sul carioca está lançando uma novidade: o sanduíche Epa!. A pessoa compra o sanduíche, abre o pão e grita: "Epa! Cadê o queijo?". A lanchonete serve Epa! de várias qualidades: Epa! de presunto, Epa! de galinha e Epa! de sardinha.

REVOLUÇÃO
· · · ·

Nossas revoluções
nunca passaram de um
conto de fardas.

SAÚDE
· · · ·

Antigamente era mais fácil: quando um guerreiro, metido na sua armadura, era atropelado, não tinha essa de pronto-socorro. Iam os dois para o lanterneiro.

★

**O hipocondríaco entrou na farmácia
para tomar uma injeção de B12. Como não tinham,
pediu que lhe aplicassem doze de B1.**

> ❖
> *Um cientista americano, empenhado na campanha contra o fumo, informa: dissolvendo-se um charuto numa xícara de chá, basta um gole para matar um rato. Se você tem rato em casa, atenção: não o deixe aproximar-se do seu charuto.*

SAUDOSISMO

· · · ·

Sou saudosista, sim:
Do tempo em que a mulher nascia com um nariz
E ficava com ele até o fim.
Tempo em que professor ensinava,
Aluno estudava, mulher casava e dinheiro comprava.
Tempo em que o comprimido fazia a dor de cabeça
Sumir sem ninguém precisar assobiar
E do tempo em que o trabalhador
Só passava fome até a hora do almoço.
Tempo em que homem era homem e mulher era
mulher.
Hoje a coisa ficou tão misturada que,
Quando alguém vai discursar,
É bom começar assim:
"Meus senhoras e minhas senhores...".
Sou saudosista, sim.

SEGURANÇA
· · · ·

Assaltante: Se disser uma palavra, morre!
Assaltado: Mas eu nem sei qual é a palavra!

SEXO
· · · ·

A moça desabafou: Há três noites que eu vou ao cinema e é só sexo, sexo, sexo! Mas hoje eu vou sozinha. Quero ver o filme, que dizem que é muito bom.

SILOGISMO
· · · ·

Disse um filósofo:
"O homem que faz rir uma mulher jamais
se deitará com ela". Donde se conclui que
Charles Chaplin morreu virgem.

SUICÍDIO
· · · ·

O búlgaro Borislav, de 48 anos, tentou suicídio ingerindo uma grande dose de formicida. Mas não morreu. Agora está processando o fabricante por falsificação do produto.

SUTIÃ

Há uma semelhança entre a ambulância e o sutiã: ambos socorrem os caídos.

TRAFICANTES

A polícia de Nova York descobriu cem quilos de cocaína no aeroporto. A droga tinha sido colocada no nariz do avião.

★

"Você também cheira ou é só traficante?"

TRÂNSITO

Motorista: Mas, seu guarda, eu não estava correndo!
Guarda: Eu sei. Mas os que correm eu não consigo pegar!

TROCADALHO

Nos tempos do Collor, havia qualquer coisa de podre no reino da "Dinda marketing".

TURISMO

. . . .

Copacabana.

Pernas tristes,

Outras felizes.

Varizes de todos os países.

VERÃO

. . . .

*Com os termômetros
marcando 39 graus,
todo mundo sua. Sua o povo,
sua excelência e sua majestade.*

VERDADES

. . . .

As morenas nascem, as louras fazem-se.

★

As vacas não dão leite. Tiram-no.

★

Vida vegetativa não é a que leva o verdureiro.

VERDE

. . . .

Há uns vinte anos, o Brasil vivia apavorado com uma cor: o vermelho. Não sendo tomate, *ketchup*, caqui ou camisa do América, tudo que era vermelho corria perigo. Hoje, ninguém mais dá bola para o vermelho — só o verde importa. Até o Gabeira, que era vermelho, virou verde. Verde é ótimo, mas o problema é que nosso país não consegue ficar maduro e já está ameaçando apodrecer.

VESGUICE

. . . .

Era uma garota realmente vesga.
Conseguia olhar pelo buraco da fechadura
com os dois olhos ao mesmo tempo.

CENAS
DE UM CASAMENTO

O MICROBIOLOGISTA

. . . .

Cena: biblioteca particular.
Mesinha com microscópio. Mulher pronta para sair,
marido olhando pelo microscópio.

✳

Mulher (*chega reclamando*): Afrânio, você pensa que eu sou palhaça?

Marido (*sem tirar o olho do microscópio*): Por quê, meu bem?

Mulher: Você me manda descer pra pegar o carro, eu fico vinte minutos dentro do carro e você não aparece? Nós vamos chegar atrasados ao teatro.

Marido: Me desculpe, Martinha. É que eu resolvi dar uma olhadinha aqui no microscópio e descobri um micróbio esquisito que eu nunca tinha visto e estou querendo saber que micróbio é esse.

Mulher: Eu não acredito no que eu estou ouvindo. Você está me trocando por um micróbio?

Marido (*tirando o olho do microscópio*): Que é isso, Martinha? Que bobagem é essa?

Mulher: Então uma mulher fica abandonada dentro de um carro porque o marido prefere a companhia de um micróbio?

Marido: Não vai me dizer que você está com ciúme de um micróbio!

Mulher: E estou mesmo! Preferia ter entrado aqui e encontrado você na companhia de uma mulher!

Marido: Ah, é?

Mulher: Era mais normal, mais humano e até mais decente. Não ia me sentir tão humilhada. Porque um homem que prefere a companhia de um micróbio à companhia de uma mulher, dá até pra desconfiar!

Marido: Martinha, quando você se casou comigo, sabia que eu era um microbiologista apaixonado pela minha especialidade.

Mulher: Mas, se eu soubesse que você, depois de casado, em vez de ficar com um olho em mim, ia ficar com um olho num micróbio, eu tinha desistido no altar!

Marido: Martinha, vem cá. (*Olha no microscópio.*) Veja como é interessante a vida dos micróbios. Olha aqui essa cadeia de estreptococos.

Mulher (*impaciente*): Nós vamos perder a hora do teatro!

Marido: Você sabe como um micróbio se reproduz? (*Aponta para o microscópio.*) Olha aqui.

Mulher (*arrancando-o do microscópio*): E você fica olhando essas coisas? Invadindo a privacidade dos outros?

Marido: Martinha, não é nada do que você está pensando. Mas eles têm lá o seu processo de reprodução. Antigamente se pensava em reprodução espontânea. Hoje está provado que isso não existe.

Mulher: É uma pena, porque eu queria muito ter um filho.

Marido: Não estou te entendendo, Martinha.

Mulher: É que, com você passando a vida toda só olhando pra micróbio, se nosso filho não nascer de geração espontânea, nunca que ele virá ao mundo!

Marido: Martinha, você agora está me ofendendo!

Mulher: Engraçado isso. Você me troca por um micróbio e o ofendido é você!

Marido: Eu não estou trocando você por micróbio nenhum!

Mulher: Afrânio, eu já vi marido trocar mulher por outra mulher, já vi marido trocar mulher por outro homem, já vi marido trocar mulher por dinheiro, já vi marido trocar mulher por cachorro. Mas trocar mulher por micróbio é a primeira vez!

Marido: Martinha, se ninguém até hoje tivesse se preocupado com os micróbios, todos nós certamente já teríamos morrido com alguma infecção!

Mulher: E se eu soubesse que, no meu casamento, ia ter essa história de micróbio, eu tinha me casado com um fabricante de penicilina. Só assim eu teria um marido com mais tempo para reparar em mim!

Marido: Mas eu reparo muito em você, Martinha!

Mulher: Então olha pra mim e diz se eu tenho alguma coisa de diferente!

Marido (*tentando descobrir*): O penteado!

Mulher: O penteado é o de sempre!

Marido (*ainda examinando*): O vestido novo!

Mulher: Você está cansado de me ver com ele!

53

Marido: Então não estou vendo nada de novo. Você é a Martinha de sempre, que eu amo e admiro.

Mulher: Afrânio, eu estou de colar e brincos novos!

Marido: Desculpe, Martinha. Eu realmente não tinha reparado.

Mulher: Pois é. Se, em vez de colar, eu estivesse com uns estreptococos enrolados no pescoço e dois pneumococos pendurados nas orelhas, você já tinha reparado há muito tempo!

Marido: Você tem razão, Martinha. Vamos pro teatro. Mas antes...

Mulher: Antes o quê?

Marido: Eu quero um beijo. (*Tenta beijá-la.*)

Mulher (*fugindo com a boca*): Não! Beijo, não! Transmite micróbio!

O FILHO DESEJADO

. . . .

Cena: quarto do casal.
Mulher se penteando diante do espelho.
Marido, irritado, tenta convencer a mulher.

✳

Marido: Celina, estamos casados há mais de dois anos e penso que já é hora de você me dar um filho. Você não pode continuar me negando esse direito.

Mulher: Arnaldo, eu já te expliquei. Filho é uma coisa muito séria para ser resolvida assim, de uma hora para outra.

Marido: Dois anos não é uma coisa assim, de uma hora para outra.

Mulher: Filho não pode ser apenas fruto do egoísmo dos pais. Antes de pensar em nós, temos de pensar nele!

Marido: Pois é nele mesmo que eu estou pensando, só nele!

Mulher: É preciso que os pais sejam perfeitamente sadios.

Marido: E você não é sadia?

Mulher: Graças a Deus!

Marido: E eu não sou sadio?

Mulher: Você é.

Marido: E então?

Mulher: Mas a sua família...

Marido: Minha família você conhece. Minha família não é sadia?

Mulher: Você tem um primo-irmão que é diabético.

Marido: E isso vai influir na saúde do garoto?

Mulher: Se você tem um primo-irmão diabético, a probabilidade de nosso filho ser diabético é de nove por cento.

Marido: Que bobagem, Celina.

Mulher: Eu li num livro de medicina.

Marido: Probabilidade não é certeza.

Mulher: Você já imaginou nosso filhinho diabético no

dia do aniversário dele? Os amiguinhos todos comendo os docinhos e ele, tadinho, cantando parabéns, soprando velinhas, sem poder comer nem um pedacinho do bolo?

Marido: Não vai acontecer nada disso. Ele vai poder comer cocada, suspiro, pé-de-moleque, brigadeiro...

Mulher: Mas não é só isso, não. Tem o problema do álcool.

Marido: Que álcool?

Mulher: Pode afetar a criança durante a gestação.

Marido: E eu bebo, Celina?

Mulher: Mas seu bisavô bebia.

Marido: Mas meu bisavô já morreu há mais de cinqüenta anos!

Mulher: De coma alcoólico. Depois de poluir o sangue da família toda!

Marido: Celina, pensa bem. Depois do meu bisavô, veio meu avô, que não bebia. Depois veio o meu pai, que também não bebe. E depois eu, que nunca bebi!

Mulher (*interrompendo*): Arnaldo, você não está por dentro da genética. O alcoolismo é uma doença hereditária. Ou você pensa que hereditária é só capitania?

Marido: Se você está com esses grilos todos, vamos consultar um especialista.

Mulher: E tem mais, Arnaldo. Você fuma.

Marido: E daí?

Mulher: Quem fuma não pode ter filho.

Marido: Celina, você acaba de descobrir que o cigarro é uma droga anticoncepcional!

Mulher: Pra mim, é.

Marido: Celina, eu não estou mais pedindo. Eu exijo, eu quero um filho!

Mulher: Pois muito bem. Vamos adotar um.

Marido: Não é a mesma coisa.

Mulher: É muito mais simples.

Marido: Pois eu vou ter um filho, você querendo ou não!

Mulher (*rindo*): Você achar que pode ter um filho sem a colaboração da mulher é o mesmo que querer jogar pingue-pongue sozinho. Quando você fizer o pingue, cadê o pongue?

Marido: Eu acho que a conversa ainda não chegou a esse nível de deboche.

Mulher: Ou criança já pronta, ou nada.

Marido (*carinhoso*): Sabe o que é, meu bem? Um neném será a continuação das nossas vidas, a eternidade do nosso amor... Celina, por favor, eu te imploro: me dê um filho!

Mulher: Está bem, Arnaldo. Vou te dar um filho.

Marido (*exultante*): Verdade? (*Tenta beijá-la.*)

Mulher: Mas pode ir me largando, Arnaldo, porque vai ser de proveta!

• O PESCOÇO DA GIRAFA

A HORA DO CHÁ

· · · ·

Cena: copa. Mesinha com xícaras, bule, leiteira, biscoitos etc. Cinco horas da tarde. Mulher serve o café com leite enquanto conversa com o marido. A princípio, comportam-se como ingleses, mas vão se irritando durante o diálogo.

✳

Marido: Inglês só toma chá às cinco horas da tarde.

Mulher: Mas você não é inglês.

Marido: Eu sei. Só estou dizendo que inglês só toma chá às cinco horas da tarde.

Mulher: E, depois, isso não é chá. É café com leite.

Marido: Eu estou vendo que é café com leite. Só disse que inglês só toma chá às cinco horas da tarde.

Mulher: Cada povo tem lá os seus hábitos. Alemão bebe cerveja o dia inteiro.

Marido: Eu não disse que alemão não bebe cerveja o dia inteiro. O que eu disse é que inglês só toma chá às cinco horas da tarde.

Mulher: Mas por quê? Você prefere chá em vez de café com leite?

Marido: Eu detesto chá.

Mulher: Então, por que essa discussão?

Marido: Eu não estou discutindo. Eu só disse que inglês só toma chá às cinco horas da tarde. Minha mãe, por exemplo.

Mulher: Mas sua mãe não é inglesa.

58

Marido: Por isso mesmo. Nunca tomou chá às cinco horas da tarde.

Mulher: Pois eu já vi um inglês diante de uma xícara às três horas da tarde.

Marido: Não era chá.

Mulher: Era chá!

Marido: Então não era inglês.

Mulher: Era inglês!

Marido: Inglês só toma chá às cinco horas da tarde.

Mulher: Por que você está me desesperando? Por que essa tortura toda?

Marido: Chega! Não vamos mais falar nesse assunto!

Mulher: Obrigada.

Marido: Que horas são?

Mulher (*consulta o relógio*): Cinco e quinze.

Marido: Os ingleses já acabaram de tomar chá.

Mulher: Graças a Deus!

PEDINDO A PALAVRA

. . . .

Cena: sala. Noite. Mulher está lendo.
Marido chega e se joga no sofá.

Marido: Boa noite, meu bem.

Mulher (*olha o relógio*): Que aconteceu?

Marido: Nunca vi um jantar tão demorado.

Mulher: E por que tão demorado?

Marido: Porque, depois do jantar, um convidado pediu a palavra.

Mulher (*sempre monocórdia*): Que palavra?

Marido (*estranhando*): Como "que palavra"? A palavra.

Mulher: Isso você já disse.

Marido: Pois é. Depois do jantar, ele pediu a palavra.

Mulher: Qual era a palavra que ele queria?

Marido (*outro espanto*): Não queria palavra nenhuma!

Mulher: Então, pra que pediu?

Marido: Porque é de praxe a pessoa, antes de falar, pedir a palavra.

Mulher: E quem foi que deu?

Marido: Deu o quê?

Mulher: A palavra que ele pediu.

Marido (*começando a se irritar*): Ninguém tem que dar palavra alguma quando a pessoa pede!

Mulher: E a pessoa que pede já sabe disso?

Marido (*já furioso*): Claro que sabe!

Mulher: Então por que é que pede?

Marido (*à beira da apoplexia*): Pra poder começar a falar! Porque, pra acabar de falar, a pessoa diz o que eu vou dizer agora pra você: TENHO DITO !!!

O COMPUTADOR
· · · ·

Cena: sala. Adriana invade a sala, meio desgrenhada, com um revólver na mão e gritando pela amiga.

CENAS DE UM CASAMENTO •

✽

Adriana: Jane! Jane!

Jane (aparece assustada, no momento em que Adriana joga a arma sobre o sofá): Que aconteceu, Adriana???

Adriana: Matei meu marido!

Jane (perplexa): O quê???

Adriana: Matei o William!

Jane: Você ficou louca, Adriana?

Adriana: Não agüentei mais. Meus nervos explodiram!

Jane: Eu não estou acreditando, Adriana!

Adriana: Antes que o ciúme me matasse, eu o matei. Era eu ou ele!

Jane: Matou por ciúme?

Adriana (desesperada): Dentro de casa. No nosso quarto. Eu perdi a cabeça, Jane!

Jane: Eu conheço essa ordinária? Quem é ela?

Adriana: Ela não, Jane. Ele!

Jane (toma um choque): Ele, Adriana???

Adriana (misteriosa): Ele... o computador...

Jane (sem entender): Adriana, o que é que está acontecendo com você? Me explica, pelo amor de Deus!

Adriana: Desde que o William comprou um computador e o instalou no nosso quarto, eu me tornei uma desgraçada, uma infeliz. Ele passa noites inteiras conversando com o computador, sem me dirigir um boanoite sequer. Ele não tinha mais olhos pra mim, só pro computador. O ciúme então foi corroendo a minha alma, envenenando meu sangue, me deixando comple-

61

xada, desvairada, louca! Foi aí que eu peguei o revólver na gaveta da mesinha...

Jane: E matou o William!

Adriana: Mas eu não queria matar, juro! Minha idéia era só atirar no computador!

Jane: E por que não fez isso?

Adriana: Porque aí eu pensei: dou um tiro no micro, arrebento o computador, mas amanhã ele compra outro, mais moderno, mais possante, e o problema vai continuar!

Jane: Adriana, não dá pra entender!

Adriana: Jane, eu não existia mais! Ele levava os amigos lá em casa, apresentava o micro pros amigos e se esquecia de me apresentar!

Jane: Há quanto tempo isso vinha acontecendo?

Adriana: Há uns oito meses, mais ou menos.

Jane: E por que você não procurou amigos pra se aconselhar? Um psicanalista, por exemplo!

Adriana: Durante três meses não fiz outra coisa a não ser contar meu problema pra um psicanalista!

Jane: E não se deu bem?

Adriana: Muito. Até o dia em que eu percebi que ele estava registrando tudo num computador. Aí me levantei, disse-lhe uns desaforos e fui embora.

Jane: Veja como a gente se engana. Eu sempre pensei que vocês fossem felizes!

Adriana: E éramos. Íamos a cinemas, teatros, restaurantes, beijinhos pra cá, beijinhos pra lá. Até uma noite em que ele me encheu de porrada.

Jane: Agrediu você?

Adriana: Ao mesmo tempo que me agredia, me xingava!

Jane: Qual o motivo?

Adriana: E não foi uma vez nem duas. Era toda vez que ele jogava xadrez com o computador e perdia. E, como ele jogava mal e o computador era um craque, lá vinha ele cheio de ódio pra cima de mim!

Jane: E ele morreu logo?

Adriana: Não. Ainda teve forças pra balbuciar as últimas palavras.

Jane: Que palavras, Adriana?

Adriana: *Esc, shift, caps lock, control, alt, boot, enter, page up, page down...*

Jane: Que língua é essa, Adriana?

Adriana: São palavras de comando que estão no teclado do computador pra serem digitadas.

Jane (*com espanto*): E você sabe mexer com isso?

Adriana (*vai ficando alegre*): É que, quando o William não estava em casa, eu pegava o computador e ficava treinando.

Jane (*perplexa*): Você também???

Adriana (*feliz*): Jane, computador é uma coisa maravilhosa! Quando você for lá em casa, eu te ensino!

GRANDES PERSONAGENS
DA HISTÓRIA

LUÍS XV

· · · ·

Meu nome é Luís. Luís xv, rei de França. Estou aqui para reclamar da falta de imaginação das pessoas daquela época, que botavam o nome de Luís em tudo que era rei. Só de Luíses a França teve 23. E só não teve o Luís seguinte porque ele achou que não ficava bem e preferiu chamar-se Filipe. Eu sou o Luís número quinze, que, no jogo do bicho, felizmente é jacaré.

Mas a confusão que fazem com o meu nome é terrível. Já cortaram a minha cabeça e eu nunca fui guilhotinado. Chamam-me de "Rei Sol", e o Rei Sol era o Luís xiv. Já me puseram para dormir com a Maria Antonieta, uma tarada que tinha a mania de atirar pão de queijo para o povo pela janela — ou seriam brioches? E ela nem era minha mulher, era do xvi.

Mulheres, sim, tive duas e ambas madames: a Pompadour e a Du Barry, que, se fosse do barril, nem era mulher, era chope. De vez em quando, esses meninos que fazem vestibular distribuem minhas mulheres pelos outros sem a menor cerimônia. Um já deu a Du Barry para o Luís xiii e a Pompadour já foi parar na cama do Luís xviii.

Resultado: quando acabou o vestibular, eu, Luís xv, era o maior corno de Paris!

• O PESCOÇO DA GIRAFA

HENRIQUE VIII
· · · ·

*E*u fui Henrique VIII, rei da Inglaterra. Fui o maior defensor da instituição da família. Tanto que, em vez de ter uma mulher só, tive logo seis. Os que me acusam de devasso espalham pelas enciclopédias que eu tive muito mais que meia dúzia. É meia dúzia pra cá, meia dúzia pra lá. Logo eu, que nunca usei camisinha.

Das minhas seis mulheres, três eram Catarinas. Não sei o que acontecia comigo, que não podia ver uma Catarina sem ir logo para cima dela. Só me escapou a da Rússia e, mesmo assim, porque morava longe. Minhas Catarinas foram a Catarina de Aragão, que a história diz que era do Aragão, mas era minha; a Catarina Howard; e a Catarina Barr, na qual eu enchia a cara.

Anas, tive duas: a Bolena e a De Clèves. O culpado pela morte de Ana Bolena foi o padre, que disse na hora do casamento: "Até que a morte os separe". Então mandei separar a cabeça dela do pescoço. Outra mulher que tive foi a Jane Seymour. Aquele foi um romance selvagem, no qual eu me sentia um verdadeiro Tarzan. Eu dizia, "Me Henrique, you Jane!", e metia o cipó nela.

Tive seis mulheres, mas meu palácio não era isso que você pode estar pensando. Orgulho-me de ter sido o inventor da mulher descartável, tipo isqueiro: quando negava fogo, eu jogava fora e pegava outra. Por essas e outras, passei à posteridade como cruel e sanguinário.

68

Mas, se eu tivesse sido rei em outro país e outra época, com todas as minhas trapalhadas, teria ido a julgamento e sido absolvido. Na pior das hipóteses, estaria numa boa em Miami, com retrato colorido nas capas de revistas e, aos domingos, aparecendo na televisão, o que para mim seria fantástico.

O CORCUNDA DE NOTRE-DAME

· · · ·

*N*ão, Vinicius, beleza não é fundamental!

E quem assim lhe diz sou eu, Quasímodo, o corcunda de Notre-Dame. Favor não me confundirem com o Charles Laughton, o falso corcunda, filho espúrio da indústria de Hollywood.

Beleza era fundamental no tempo em que a beleza das mulheres francesas começava nas pernas da Mistinguett e acabava no busto da Brigitte. Tempo de heróis, em que havia medalhas sobre o peito dos homens e sutiãs sobre o das mulheres.

Tempo em que havia estadistas da estatura de um De Gaulle, e bota estatura nisso, e artistas da estatura de um Toulouse-Lautrec, e tira estatura disso. Em que Paris cantava pela voz de Maurice Chevalier e *cancava* pelas pernas de Josephine Baker.

Mas Paris não é mais a mesma: com o trânsito engarrafado, bombas explodindo, o Sena poluído, mendigos

69

• O PESCOÇO DA GIRAFA

sob as pontes, o Bois de Boulogne infestado de travestis e o preço das ostras pela hora da morte, Paris tornou-se uma cidade perigosa para se tomar um champanhe à luz de candelabros.

Perdão, Victor Hugo, *mon père*: vou deixar Paris, com toda a sua tradição de beleza e de Cidade Luz. Quero viver numa terra tranqüila, segura, de mar calmo e águas límpidas, onde, com o pouco que ganhei como sineiro da Notre-Dame, eu possa morar bem, comer melhor e afagar minha própria corcunda.

Vou-me embora para Maceió, nas Alagoas. *Au revoir.*

DOM JOÃO VI
· · · ·

Sou eu, sim, o dom João, aquele que era louco por um franguinho. Vou contar um segredo para vocês: eu gostava muito mais de frango do que da Carlota Joaquina.

Basta dizer que acrescentei um sexto ao meu nome só para ter um cesto para carregar meus franguinhos. Contam que, quando meu filho, dom Pedro I, era franguinho, quase que o comi.

O nome da rainha minha mãe era dona Maria I. Mas passou à História como dona Maria, a Louca, e por minha culpa. É que eu ficava o dia todo atrás dela, pedindo: "Mãiê, frita um franguinho pra mim! Mãiê, assa um

70

franguinho pra mim". Ela, ouvindo isso o dia todo, o mês todo, o ano todo, acabou piradona.

Todo mundo pensa que vim para o Brasil fugindo do Napoleão, mas não foi por isso. É que os frangos por aqui eram mais em conta. Dizem que frango é comida de doente e eu concordo. Quando não comia frango, eu ficava doente.

Mas, ao mesmo tempo que ia comendo os franguinhos, eu ia fundando várias coisas importantes. Fundei a Escola de Belas-Artes, onde as crianças aprendiam a pichar os muros, as igrejas e as estátuas. Fundei também o Jardim Botânico, que quase ninguém visita porque fizeram o Jockey Club em frente. E fundei também o Banco do Brasil, mas quem o afundou foi outro.

E, como acredito na reencarnação, só peço a Deus que me mande de novo para o Brasil, onde, nestes tempos de reeleição, o preço do frango está uma galinha-morta.

CRIANÇA, NUNCA VERÁS UM PAÍS COMO ESTE

Poemas ligeiros

PITHECANTHROPUS CORRUPTUS
· · · ·

Voz off pelo alto-falante:
A antropologia revela que o homem atual
não descende do Pithecanthropus erectus. *O homem*
veio mesmo foi do Pithecanthropus corruptus.
Imediatamente o ator entra em cena.

✻

Ator

Corrupto, eu?
Mas que maldade!
Logo eu, um paradigma da honestidade!
Só porque tenho casa no Guarujá,
Um sitiozinho em Mauá
E fazenda no Paraná,
Vão me chamar de ladrão?
Não aceito, não.
Eu dou um duro danado,
O meu dinheiro é suado
E jamais meti a mão.
Não sou ladrão
E, se agora vivo em paz,
Gozando uma vida mansa,
É que eu faço o que se faz:
Boto tudo na poupança.

Vozes off

— Corrupto! Corrupto!

Ator

Corrupto, eu?
Mas que bobagem!
Eu sou contra a ladroagem.
Só porque tenho nos bancos
Dólares, libras e francos
Vão me chamar de ladrão?
Não aceito, não!
O meu caráter não falha,
Não tenho rabo-de-palha.
O meu dinheiro eu herdei
E está encerrado o assunto:
Se rico assim eu fiquei,
Eu agradeço ao defunto.

Vozes off

— Corrupto! Corrupto!

Ator

Corrupto, eu?
Que pecado!
Logo eu,
Tão considerado!
Só por ter bens no estrangeiro,

Viajar o ano inteiro,
Vão me chamar de ladrão?
Não aceito, não!
Quem diz que ganhei
Roubando
Não sabe o que está falando.
Pra ser rico arrisquei tudo,
A vida assim nos ensina.
Como eu sempre fui sortudo,
Ganhei mil vezes na quina,
Vão me chamar de ladrão?
Ah, não!!!
Eu disse anão?
Não!
Eu sou é o gigante
Da corrupção!

PERNAS

· · · ·

Vem o Clinton, vem o Fidel,
Vem o rei, vem a princesa
E todo mundo só diz:
— Que pernas, Maria Teresa!

A Terra corre perigo,
Sofre muito a natureza,
Quero esquecer, não consigo:
— Que pernas, Maria Teresa!

As florestas arrasadas,
Destruídas, que tristeza.
Tantas matas devastadas,
Que pernas, Maria Teresa!

Veja como é poluído
Esse mar azul-turquesa,
Outrora tão colorido,
Que pernas, Maria Teresa!

Tanta gente reunida,
Mil projetos sobre a mesa,
Tanta tese discutida,
Que pernas, Maria Teresa!

Cuidar do meio ambiente
É dar prova de nobreza.
Cuidemos, pois, minha gente:
Que pernas, Maria Teresa!

OS SILVA

· · · ·

Tem Silva bombeiro
Tem Silva escritor
Tem Silva bicheiro
Tem Silva doutor
Tem Silva que é artista

Tem Silva futebolista
Tem Silva operário
Tem funcionário
Tem Silva escrivão
Tem Silva patrão
Tem Silva soldado
Tem advogado
Tem Silva gerente
Tem Silva assistente
Tem Silva tenista
Tem Silva dentista
Tem Silva solteiro
Tem Silva casado
Tem Silva viúvo
Tem Silva viado
Tem Silva e mais Silva
Tem tem tanta gente
Que mais de um Silva
Já foi presidente:
Um deles, do uísque;
Outro, da aguardente.

FUTEBOL

. . . .

Maracanã!
Maracanã!
Maracanã!

Pa-ca-em-bu!
Pa-ca-em-bu!
Pa-ca-em-bu!

É o futebol: grande rebu.
Viva o Mengão!
Corinthians, viva!
É o dia da partida decisiva:
Um formigueiro humano se desloca
Correndo para o estádio em
Disparada: é a marcha da torcida
Com Deus para a pelada.
Na rua, o alarido do trânsito.
— Estúpido! Chega pra lá! Vai bater!
— Cuidado!
— O Santos sem Pelé é uma canja!
— Olha a laranja!
— Aqui, quem furar fila leva um soco!
— Bilheteiro, olha o meu troco!
E o gigante de cimento, fome insana,
Vai engolindo sem molho
A massa humana.
— Sorvete, mate gelado!
— Senta, palhaço!
— Eu tô sentado!
Explode o estádio
Mais de cem mil!
É o futebol, show do Brasil.

CRIANÇA, NUNCA VERÁS UM PAÍS COMO ESTE •

Entra o juiz com ar feliz
E recebe, de cara, uma ovação:
— Ladrão, ladrão, ladrão!
É uma forma gentil de receber,
Pois, na hora do jogo, xingam
Coisas que não devem ser ditas
Na TV: não sei se já ouviram um
Palavrão em coro — é um estouro.
E, entre bombas e tiros de
Metralha, entram em campo
Os heróis para a batalha.
A massa grita e o infeliz apita.
Começa a luta, rude é a disputa,
Desponta o ponta, entra o becão,
Gritos, gemidos, lá vem cartão!
Há três feridos,
Dez contundidos,
Dois sem sentidos,
Na zona do agrião.
Lança o artilheiro,
Fura o zagueiro,
Correu, driblou,
Chutou, entrou,
É gol!
A nega tá lá dentro
E a bola vai pro centro
E atenção pra informação:
— Deu um milhão a renda do

81

Fla-Flu!
— Uuuuuuuuuuuuuuuuuuuuuuuu!
Fim do jogo, desafogo:
— Roubaram o Botafogo!
E vão todos para casa,
Já noitinha, elogiando a
Mãe do bandeirinha.

FLA-FLU

. . . .

Agonizava.
Mas com o radinho
Junto à orelha
O jogo do seu time ele escutava.
Esperando
E agonizando,
Ele torcia
E não morria.
Mas quando aconteceu o gol,
Ele morreu.
Morreu feliz,
Feliz morreu.
E nem ficou sabendo
Que o gol que ele esperava
Não valeu.

SER PAI

. . . .

Ser pai é padecer eternamente
Tendo na face um riso satisfeito.
Aparentar que a tudo tem direito
Sem ter direito a nada finalmente.

É suportar a esposa alegremente
E aos seus caprichos se mostrar sujeito.
Tratar com muita calma e com respeito
A sogra feia, chata e impertinente.

Ser pai é ter um filho já taludo
Que pede isso, aquilo e pede tudo:
Dinheiro exige aos gritos e em sussurro.

Diz Coelho Neto, em verso bem preciso:
Ser mãe é padecer no paraíso
Mas ser pai é sofrer pra não ser burro.

NEGA FULERA

. . . .

(*Ao jeito de* Essa Nega Fulô, *de Jorge de Lima*)

✳

Essa nega fulera!
Essa nega fulera!

Ganhava perfume
Ganhava vestido
Ganhava ordenado
Que eu dava escondido.
Por causa da nega
Fiz tanta bestera.
Por onde é que anda
Se a nega é soltera?
Fugiu com soldado?
Subiu pra Manguera?

Essa nega fulera!

Essa nega fulera
Já era patroa,
Nem mais cozinhera.
Sentava comigo na mesma cadera,
Usava e abusava da minha cartera.
E o filho da nega,
Meu Deus, que perigo!
Diabo do nego parece comigo!
Porém eu garanto
Que é coincidença,
De nada me acusa
Minha consciença.
Nasceu quando eu estava
Em terra estrangera.

Essa nega fulera!

Essa nega fulera
Gostava de bala,
Mas só puxa-puxa.
Gostava de banho,
Mas banho de ducha.
Por causa da nega
Fiz tanta bestera.
Não gosto de jaca,
Subi na jaquera.
Não gosto de frio,
Comprei geladera.
Não gosto de fogo,
Saltei na foguera.
Não gosto que cocem,
Peguei uma cocera.
Não tomo cachaça,
Tomei bebedera.
E a nega me dexa
Assim dessa manera?

Essa nega fulera!

Essa nega fulera
Usava perfume francês
Em abundança,
Que o nome não lia

Por ignorança.
Por onde passava
Deixava fragrança
Que se misturava
Com a dela também.
Mistura bem fina:
Cecê de guerlém.

Fugiu com um malandro
Sem êra nem bêra
Que nem quer saber
Como é que ela chera!

Essa nega fulera!
Essa nega fulera!

CRENÇAS

. . . .

Crer. É preciso crer.
Crer no ar, na anestesia
E também na homeopatia.
Um pouco em cada santo,
Em cada amor um pouco.
E crer na propaganda,
No rádio, na TV.
E crer na Gabriela,
No cravo,

Na canela
E mesmo no garçom
Se diz que o bife é bom.
Devemos crer em tudo:
Amantes,
Cartomantes,
Quiromantes,
Nos excitantes e tranqüilizantes,
Nas magias,
Nas profecias.
Crer no sabonete,
No creme dental
E na letra do Hino Nacional.
Crer no Real,
No samba,
Na família.
Crer na cachaça,
No inquérito
Em Brasília.
Crer no perdão dos nossos devedores
E na infinita paciência dos credores.
Enfim, é preciso crer:
No militar,
No civil,
No Brasil
E na turma do funil.

O ANTONINHO

· · · ·

Bem que o Antoninho foi contra a vontade.
Mas o vizinho fez tal questão,
Que não faltasse o amigo ao batizado,
Que lá foi ele com o presentinho
No dedo indicador dependurado.

Suspiros, fios de ovos, manjar,
Unha-de-gato,
Tudo porque um garotinho chato,
Na igreja de Benfica,
Recebia na fronte a água santa
Que o padre, de manhã, mal se levanta,
Tem o cuidado de apanhar na bica.

E foi ali, naquela mesa, que o Antoninho,
Boca escancarada
Pra recolher do bolo uma garfada,
Piscou para Teresa e foi correspondido.
"É o destino", pensou, "é o destino.
Eu nem vinha ao batizado do menino."

Teresa era linda, como o luar,
Como a estrela do céu que se banha no mar.
Teresa era pura e doce, um colosso,
Nem parecia mulher de carne e osso.

E inteligente: português, inglês, francês,
Ignorava tudo perfeitissimamente.
Vai daí Teresa e Antoninho se gostaram
E, na presença de um padre demagogo,
Dois corações em fogo se juntaram.
Dizem até que,
Antes —
Não interessa!
Eu, por mim, não dou bola a essas besteiras.
Teresa lá estava, de véu branco
E botões de laranjeiras.

Dez anos se passaram e
Amarrados, calados, chateados,
Continuam Teresa e Antoninho
Desde aquele batizado do vizinho. Mas,
Ninguém sabe por que artes do demônio,
Tudo muda depois do matrimônio.

Teresa, que era linda, está enorme,
Desconforme, lassa,
No queixo uma papada de todo imprevisível,
Horrível!
Seus seios, que eram outrora seios mesmo,
Hoje são glândulas mamárias volumosas,
Colossais, que às justas proporções
Não voltam mais.
Seu corpo é quase todo por igual

E, pouco a pouco, as raras formas somem:
Somente a cicatriz umbilical
Faz o limite tórax-abdômen.

Bem que o Antoninho foi contra a vontade.
Festinhas? Batizados? Comunhão?
Hoje não manda telegrama nem cartão.

A ROUPA DO HOMEM

· · · ·

Seja rico,
Seja pobre,
Seja plebeu,
Seja nobre,
Seja ariano ou zulu,
Todo homem, quando nasce,
Nasce nu.
Adão foi feito de barro,
Tipo perfeito, obra-prima,
Mas, no dia em que nasceu,
Não tinha nada por cima.
Depois Adão, imprudente,
Na maçã meteu o dente
E pronto: acabou-se a sopa.
Foi daí que a Humanidade
Começou a usar roupa.
Foi a folha de parreira

A primeira que se usou:
Da folha da goiabeira,
Eva fazia o maiô.
Mas o tempo foi passando
E o homem foi se cobrindo.
Vestiam pele de onça
Os ancestrais das cavernas.
Cobriam e deixavam
De fora somente as pernas.
Já um guerreiro romano
Usava muito mais pano.
Sobre lugar cabeludo,
Quando a calça se rasgava
Nas batalhas que travava,
O escudo cobria tudo.
O escocês é diferente:
Vestindo uma saia qualquer,
Do umbigo acima ele é homem,
Do umbigo abaixo é mulher.
Mas foi o tempo seguindo
E o homem foi se vestindo,
Chegando até, Deus do céu,
A usar ceroulas, colete,
Colarinho com colchete,
Paletó, calça e chapéu.
Mas veio então o progresso
E foi abolindo o excesso:
O supérfluo foi caindo,

A roupa diminuindo,
Todo mundo se despindo —
Não sei pra onde estão indo!
A saia, que era comprida,
Lá embaixo na canela,
Deu uma tremenda subida
E foi parar na costela.
É perna pra todo lado,
De velha, moça e menina.
Já anda faltando roupa
Onde se dava vacina.
Se ninguém mais fizer roupa,
A gente como é que fica?
Quem não quiser andar nu
Vai se vestir de barrica.

MARIAS

· · · ·

E você, como se chama?
É Maria? — eu já sabia.
O mundo anda entupido de Maria,
Na Europa, Ásia, África, América e Oceania,
Como antigamente se dizia.
Marias pretas, brancas, amarelas,
Lembrando, algumas, cores de aquarelas.

Mal nasce uma criança, o pai avança

CRIANÇA, NUNCA VERÁS UM PAÍS COMO ESTE •

E grita para o mundo, satisfeito:
— É menina, mulher, como eu queria.
E, como eu disse, vai se chamar Maria!
E tem Maria de todo jeito:
Da Glória, da Penha, dos Anjos, Leopoldina
(Que tem nome de trem, mas é menina);
Maria só, Maria-vai-com-as-outras;
José Maria, um nome até sem nexo
Porque Maria aqui muda de sexo.

Marias nascem às dúzias, às dezenas,
Quase em série. Se é uma preta bacana
E mora em Copacabana,
Nem é Maria, é Mary.
Marias, quando jovens,
São modistas, professoras,
São coristas, são pintoras,
Algumas da malandragem.
Mas a maior porcentagem
Das Marias brasileiras é a das
Cozinheiras.
O contrário é exceção porque,
De um modo geral,
Por questão hereditária
Ou qualquer outra questão,
Há uma certa relação
Entre a arte culinária e as Marias,
Não há, não?

93

Marias por todo canto,
Marias de toda sorte,
Marias da Zona Sul,
Marias da Zona Norte.
Maria cara e barata,
Maria boa e travessa,
Maria que sai da lata.
Maria que bota a lata
Cheia d'água na cabeça.

Depois, quando Maria cresce
E é matrona,
Respeitosamente ganha um "dona":
Dona Maria —
Que deve ser gorda, de banhas expostas,
Corpinho reforçado e lacinho nas costas.

Maria. Na boca do namorado
Transforma-se em poesia: Maria...
Maria que fica tonta
Quando, ao pagar sua conta
No balcão da leiteria,
Ouve em sotaque gentil:
— Não deves nada, Maria.

São tantas Marias, tantas,
Marias que não têm fim:

Só eu botei meia dúzia
Na geladeira pra mim.

VENTO NU

. . . .

O vento que entrou lá em casa
Cantou nas frinchas da porta,
Quebrou um jarro chinês,
Suspendeu saia de moça,
Apavorou as crianças,
Folheou um livro todo
Que estava sobre a mesinha.
Depois passou no quintal
E, como estivesse nu,
O vento arrancou da corda
A camisola da preta
Que à noite morreu de frio.

CHEGUEI

. . . .

No dia em que eu morri,
Nem tomei café da manhã.
Foi um dia tão esquisito,
Tão inusitado...
Devo ter chegado em casa tarde
E de porre.

Só me lembro do Sol ter nascido preto.
Não sei como nem a que horas
Troquei de roupa e me atirei na cama
De terno, gravata e sapatos de verniz.
Fazia frio.
Minhas mãos postas sobre o peito
Abafavam, não deixando ouvir o coração
Trabalhando em seu ofício.
À tarde amigos vieram me buscar
E me levaram não sei pra onde.
Por isso não sei como nem quando
Poderei voltar pra casa.
Vou esperar.
....

Oh! Deus?! É o Senhor?...
Cheguei!

O CRONISTA
COM CORAÇÃO

QUERO VOLTAR A SER EU

. . . .

Eu, que era eu — sim, porque eu já fui eu —, cheguei à triste conclusão de que não sou mais eu. Meu nome, que, por isso mesmo, já esqueci, não interessa a mais ninguém. Para um médico, por exemplo, sou apenas o cliente. Num restaurante, sou freguês. Quando alugo uma casa, viro inquilino. Na condução, passageiro. Nos Correios, sou remetente. Num supermercado, consumidor. Para o imposto, sou contribuinte; com o prazo vencido, viro inadimplente. Para votar, sou eleitor; mas, num comício, sou massa. Viajar? Viro turista. Na rua, caminhando, sou pedestre; se me atropelam, sou acidentado; no hospital, paciente; para os jornais, sou vítima. Se compro um livro, viro leitor; para o rádio, sou ouvinte; para o Ibope, espectador; e, para o futebol, eu, que já fui torcedor, virei galera. Para acabar com esse complexo — sim, porque estou complexado —, aconselharam-me a procurar um terreiro. Mas foi um tiro n'água. Assim que falei com o pai-de-santo, virei "mi zio fio".

Já sei que, quando eu morrer, ninguém vai se lembrar do meu nome. Vão me chamar de "o finado", "o extinto", "o falecido" e, em certos círculos, até de "o desencarnado". Só espero que o padre, na missa de sétimo dia, não me chame de "o sucumbido". Logo a mim, que, no meu apogeu, já fui mais eu.

O MATA-BORRÃO
· · · ·

*D*epois que até o Fusca andou sendo reabilitado, precisamos lutar pela volta do mata-borrão. Inútil hoje, mas absolutamente indispensável nos dias de ontem, ele já está a merecer um lugar de destaque nos nossos museus.

Nada se escrevia sem a presença do mata-borrão. Quando a princesa Isabel assinou a Lei Áurea, o mata-borrão estava firme ao seu lado. Enquanto Machado de Assis escrevia o seu imortal *Dom Casmurro*, quem estava ao alcance de suas mãos, pronto para uma eventualidade? O futuramente esquecido e injustiçado mata-borrão.

Sem falar na sua presença nas nossas repartições públicas. Os funcionários especializados no seu manuseio eram tão importantes que tinham de ser escolhidos por concurso: os chamados mata-borreiros. Ao lado de cada chefe de serviço ficava sempre um mata-borreiro — para mata-borrar o que ele escrevia. Quando o mata-borreiro saía para dar uma volta, o serviço parava: não havia serviço limpo sem ele.

O mata-borrão servia também para se dar de presente. Quando se queria homenagear uma pessoa, era só dar-lhe um mata-borrão. Significava que se via essa pessoa como um intelectual. E até noivos recebiam mata-borrões como presente de núpcias! Nunca se soube o que o casal fazia com o mata-borrão, mas boa coisa não devia ser. Mas, como o recebiam e agradeciam encantados, é porque devia ser uma ótima coisa.

O PÉ

. . . .

(*Inspirado no monólogo*
As mãos de Eurídice, *de Pedro Bloch*)

✳

O pé, como todos sabem, é a parte do corpo que serve para a pessoa andar e fazer a curva. Quem tem os dois pés chama-se bípede; quem tem um só chama-se saci, sendo que a pessoa que tem mais de dois pés precisa ir urgentemente a um médico — isso, claro, se não for um animal.

O pé, como sabem todos os alfabetizados, leva um acento em cima. É muito melhor a pessoa levar um acento no pé do que um pé no assento. A diferença entre o pé de uma pessoa e um mamoeiro é que o mamoeiro tem um mamão no pé e a pessoa tem uma mão no braço.

Há pessoas que andam com o pé no ar, como os pára-quedistas; outras andam com o pé na água, como os surfistas; e ainda outras andam com o pé na tábua, como os motoristas. O pé serve também para dançar, pois a dança é a arte de tirar o pé bem depressa, antes que o pé do seu par pise nele.

101

As pessoas brancas têm o pé branco e as pessoas pretas têm o pé preto. A exceção foram os antigos escravos da Bahia, que, embora fossem pretos, tinham o pelourinho — fato que, talvez, só Antonio Carlos Magalhães, por ser baiano, possa explicar.

Já sei. Depois dessa, é melhor parar porque não dá mais pé.

HOMEOPOESIA

· · · ·

Não sei se a homeopatia cura ou não.
Mas acho lindos os nomes de seus remédios.
Eis alguns, colhidos no velho Guia Homeopático
de Almeida Cardoso, de 1938.

✳

Bórax — Lembra nome de âncora de telejornal, mas resolve a falta do leite materno.

***Briônia* — Uma rainha da antiga Babilônia? Não. É um remédio para problemas da bexiga e suores noturnos.**

Dulcâmara — Para dores reumáticas ou nome de mucama em filme brasileiro de época.

***Gelsemium* — Remédio para senhoras histéricas. Cairia igualmente bem como nome de parlamentar corrupto.**

Ipecacuanha — Serve para bronquite catarral ou para batizar cidade do interior paulista.

Jucaína — Remédio que não informam muito bem para o que serve, mas cujo nome seria ideal para índia de novela.

Lobélia — Poderia ser o título de um balé do Bolshoi com coreografia de Roland Petit, mas também cura sarna.

Stramonium — Ficaria melhor como nome de compositor russo, mas é remédio para insônia.

*

Uma certeza: enquanto houver homeopatia, não vai faltar poesia.

VELHO, SIM; IDOSO, NÃO

· · · ·

*E*nvelheci.

E comigo envelheceram o Pão de Açúcar e o morro Dois Irmãos, que, ao que se diz, não são filhos do mesmo pai. Ao envelhecer, gostaria de ser chamado de velho, e não de idoso, como agora é moda.

Achava bonito quando um filho chegava e dizia: "Velho, me vê aí uma nota pro cinema". Prefiro ser chamado de velho porque velho é sempre muito mais moço que idoso.

Aliás, essa infame história de chamar velho de idoso partiu da medicina, que só fala em coração do idoso, fígado do idoso, estômago do idoso e etc. do idoso.

Será que, para envelhecer, é preciso sofrer? Conheço uma senhora, já beirando os noventa, que me disse:

"Doutor, na minha idade, quando eu me levanto com uma dor só, dou graças a Deus".

E será que vamos ter de substituir expressões como amigo velho por amigo idoso e ano velho por ano idoso? Tudo envelhece: cachorro, gato, notícia, Elizabeth Taylor e até automóvel, como aconteceu com o meu Opala. E agora? O que fazer? Comprar um novo?

Ou mandá-lo de vez para apodrecer num ferro-idoso?

A BULA

· · · ·

*N*ão sei se vocês já repararam bem numa bula de remédio. Elas apresentam uma série de drogas e substâncias que podem ser comparadas a um elenco de artistas de novela, filme ou peça de teatro.

Existem as drogas que fazem o papel principal e que são as estrelas do remédio. Há outras que aparecem como simples coadjuvantes e ainda outras que entram em tão pouca quantidade que, fosse num espetáculo, não passariam de figurantes. Imagine um remédio chamado Pulmozil — que não existe, mas, se existisse, seria para curar as doenças do pulmão — e vamos ver como ele seria sob os refletores.

"Pulmozil, o novo e sensacional produto contra as doenças do pulmão, apresenta o mais espetacular elenco terapêutico dos últimos tempos! No papel de antitérmico, a famosa e consagrada estrela Aspirina, capaz de baixar as mais elevadas temperaturas! Também no elenco a popular Vitamina C, uma presença que colabora para o sucesso de Pulmozil! Muito aplaudido tem sido também o desempenho desse extraordinário artista que é o conhecido Cálcio Para Os Ossos! E também ela, que sofre com as dores do mundo e está presente no elenco de Pulmozil: a abençoada Beladona, no difícil papel de antiespasmódico! Um personagem marginal de Pulmozil, porque só gosta de sangue, é o excelente Ferro, no papel de antianêmico! E, finalmente, a mais querida de todas, a megaestrela absoluta da nossa era: defendendo o papel de bactericida, ela, a maior de todas e de todos os tempos — a Penicilina! Pulmozil: o espetáculo terapêutico que você aplaude e prestigia!"

A VOLTA DE *A BULA*

· · · ·

*A*cabo de consultar um médico. Foi um exame de rotina porque, graças a Deus, estou passando muito bem. Mas ele achou uma pressãozinha um pouco aumentada, quinze por nove e meio, disse que não era nada de mais e me passou um remédio cuja bula li assim que cheguei em casa.

Li e comecei a tremer. Fui acometido de suores frios, incontrolável tonteira e quase a bula me mata de tanto pavor. E nem era por causa das contra-indicações, que já são apavorantes — mas pelas advertências, em letra miudinha e que eram as seguintes:

"Este medicamento pode provocar insônia, lassidão, depressão mental (*que pode progredir para a catatonia*), fadiga, taquicardia, distúrbios visuais, alucinações, desorientação de tempo e espaço, náuseas, vômitos, dor epigástrica, laringoespasmo, alopécia (*que é o nome científico da queda de cabelo*), lúpus eritematoso, púrpura trombocitopênica (*como alguém pode ter uma doença com esse nome?*) e (*oh, não!*) impotência masculina."

Não é só o tal medicamento que pode provocar tudo isso. A simples leitura de sua bula já basta. O doutor que me desculpe, mas bula, para mim, é um tipo de tortura. E, tortura, nunca mais.

LIÇÕES DE PORTUGUÊS
. . . .

*B*asta ler os jornais, ouvir rádio e ver televisão para se notar como se escreve e como se fala mal o nosso idioma. O português é, realmente, uma língua difícil. Por exemplo: o ritual das palavras compostas. Palavras compostas são aquelas formadas por mais de um vocábulo, ligados por um traço de união. E aí já aparece uma das contradições da língua: o traço se chama "de união", mas está ali para desunir as palavras. A exceção é a palavra "peixe", que, apesar de ser simples, é "com posta".

Uma palavra composta, mas que é absurda, é "fruta-pão" — porque, na palavra, a sobremesa vem antes do sanduíche. E há certas palavras que não têm plural. "Pires" é uma delas. Tanto que se a pessoa entrar numa loja e pedir meia dúzia de pires, como pires não tem plural, eles só vendem um.

Outro problema é saber quando o plural é aberto ou fechado: "poço" faz o plural aberto, mesmo porque, se fosse fechado, o americano ia lá e abria para ver se tinha petróleo. Já o plural de "bolso", graças a Deus, é fechado. Se, com o bolso fechado, já é difícil evitar esses trombadinhas que vivem soltos por aí, imagine o contrário.

A posição das palavras na frase também requer muita atenção. Veja esse exemplo: "Esta é a minha mãezinha". Correto. Veja agora como fica se mudarmos a posição das palavras: "Esta zinha é a minha mãe". Não fica horrível?

OS CHATOS DA LÍNGUA
· · · ·

*S*ão os puristas. E ponha chato nisso. Principalmente para nós, que sabemos português de ouvido. Segundo um tio meu, gramático é um camarada que só entende de gramática. E, na opinião de um velho professor que tive no ginásio, para qualquer asneira que se escreva haverá sempre um autor clássico para nos defender.

Pois, passando os olhos num dicionário de dúvidas da língua portuguesa, encontrei algumas expressões que os puristas (onde eles se escondem durante o dia?) dizem ser preferíveis a certas palavras honestas e humildes que usamos a toda hora. Por exemplo: *babouches* em vez de chinelas; *açafate* em vez de *corbeille*; *premagem* em vez de massagem; e *frouxel* em vez de edredom.

Como bom aluno que sou e amante das coisas puras, comecei imediatamente a pôr em prática o purismo vernacular.

Assim que minha empregada apareceu, pedi-lhe que pegasse embaixo da cama as minhas babouches. Nada feito. Ela me trouxe os mais variados objetos, desde a chupeta do caçula a uma vara de pescar.

Depois pedi à esposa que providenciasse uma açafate para festejar o aniversário de uma amiga — e também não fui compreendido. Por fim, já louco de ódio porque não conseguia devolver para a gaveta um frouxel vermelho, escorreguei e dei um jeito na perna. Quando pedi à enfermeira que me aplicasse uma premagem, ela encabulou, disse que não estava ali para isso e que, se eu quisesse, o máximo que podia me aplicar era uma massagem.

Massagem que, aliás, me fez um glorioso bem.

A MANCHA DE BATOM

· · · ·

*C*asaram, brigaram e se separaram.

O motivo não foi dos mais graves: mancha de batom na camisa, que ele explicou da melhor maneira, mas que ela interpretou da pior. E imediatamente considerou manchada a sua honra com aquele poder feminino de transposição, que transfere para a sua honra tudo que é mancha que porventura apareça na roupa do marido. E, como o tintureiro consultado só garantia tirar a mancha da camisa, a outra, a da honra, foi resolvida com a separação.

Aos poucos, os amigos foram sendo avisados de que o casamento indissolúvel estava dissolvido. As duas metades da laranja que, um dia, haviam se transformado numa única laranja, voltaram a ser duas metades, só que agora um pouco mais azedas.

Mas, se foi melhor para o casal, foi pior para os amigos. Sem falar em mais despesas. Antigamente, em época de festas, era um presente só para os dois. Para a casa, como se costumava dizer: um centro de mesa, um par de jarros etc. Agora, morando cada qual no seu canto, os presentes são sempre dois, como são dois os telegramas e dois os dias que temos de perder para visitá-los.

A possibilidade de visitar os dois no mesmo dia perde a viabilidade quando se sabe que um foi residir na Tijuca, o outro no Leme, e que o único traço de união entre os dois bairros é um ônibus perigoso, moleirão e superlotado. Para esquecer as mágoas, que não eram poucas, ele andou por aí, pelas boates, bebendo uísque falsificado, misturado com saudade legítima. E ela fez um curso de arte culinária, jeito que arranjou de cozinhar a tristeza em banho-maria.

Às vezes ela me convidava para o cinema. Coisa muito natural porque sempre íamos os três a uma segunda sessão dos sábados. Desculpava-me, porém, todas as vezes: esposa de amigo, mesmo separada, pertence ao amigo — talvez mais do que se estivesse com ele. E se ele me visse com ela no cinema? Naturalmente que compreenderia o fato, sem maldade e sem malícia. Mas, e eu? Com que cara e com que jeito o cumprimentaria? "Apresento-lhe sua esposa"? E ele, o que responderia? "Muito prazer, minha mulher"? Se os casais que se separam pensassem nos pobres dos amigos, certamente perdoariam mais.

Por tudo isso, o leitor já pode calcular com que alegria recebi a notícia de que os dois estão reconciliados. Um pretexto bobo colocou-os frente a frente, e o velho amor estourou mais forte.

Hoje, segundo me dizem, num pequeno apartamento no Flamengo, a meio caminho entre a Tijuca e o Leme, os jovens pombinhos bisam uma doce lua-de-mel, para o bem de ambos e a tranqüilidade geral dos amigos.

HOMEM-ÔNIBUS

· · · ·

*E*ra pequeno e puro como um livro de missa. Por um desses golpes do destino, casara-se com Amélia, mulher de verdade, porém feroz, dessas que transformam os maridos em itinerários: Amélia—repartição, repartição—Amélia — como os ônibus, Estrada de Ferro—Le-

110

blon, Leblon—Estrada de Ferro. Por isso, o marido era calado, nem conversava. Só se abria aos domingos, fato que o assemelhava ainda mais a um livro de missa.

Aconteceu, no entanto, que, um dia, o marido-tabuleta demorou-se na rua. Deveria estar às sete e meia da noite no ponto final e, às sete e quarenta, ainda não tinha dado sinal de vida. Alguma coisa de grave acontecera no itinerário repartição—Amélia.

Procurado na polícia, no pronto-socorro e no necrotério, só mais tarde, por volta das onze e meia, foi encontrado. Sofrera uma crise de apendicite, caíra no meio da rua e fora removido para um hospital. Assim, em vez de seguir o itinerário repartição—Amélia, por força das circunstâncias seguiu o repartição—hospital. Igualmente desagradável.

Quando Amélia lá chegou, já havia sido operado por um cirurgião que, como todos sabem, é um cidadão que divide a barriga em dois grandes grupos: a dele e a dos outros. Durante o tempo em que ele esteve internado, Amélia o visitava três vezes por semana e Dinorá, de três em três horas. (Pela freqüência das visitas, o leitor inteligente já percebeu que a Dinorá em questão era a enfermeira.)

Amélia, portanto, em número de visitas perdia longe para Dinorá. Não só em visitas, mas em tudo o mais: físico, simpatia, cabelos, busto, idade, coxas e outras coisitas, se bem me entendem. Enquanto o talho cirúrgico se fechava na barriga do paciente, abria-se em seu coração um profundo sulco amoroso produzido pelos bisturis azuis dos olhos de Dinorá.

Sentia-se, à medida que os dias passavam, que a mão do destino estava virando a tabuleta do itinerário: o marido-veículo, movido a Amélia, ia acabar tomando o rumo azul de dois olhos vivos. E assim foi.

Um dia, quando Amélia chegou à enfermaria, encontrou apenas, pendurado na grade da cama, um letreiro bem grande e visível, com a indicação do novo itinerário: Dinorá—repartição e repartição—Dinorá. E, logo abaixo, sepultando esperanças, em letras vermelhas: "Lotação esgotada — para sempre, para toda a vida".

EPIDEMIAS SÚBITAS
· · · ·

*O*s muitos amigos de minhas poucas virtudes prestaram-me homenagem honrosa: um festivo jantar em luxuoso clube.

Durante a reunião, em que se comeu e se bebeu convenientemente, ninguém podia imaginar as tragédias que se passavam nos lares dos diversos colegas que não compareceram. Nenhum deles faltou por motivo fútil. Não! Não houve esquecimento nem falta de solidariedade. Todos os que lá não deram as caras o fizeram por motivo de força maior.

Para que os leitores tenham uma idéia dos contratempos ocorridos com os meus amigos faltosos, aqui vai uma pequena estatística das desculpas apresentadas e imediatamente aceitas:

Sogras passando mal 22

Filhos com sarampo 17

Enxaqueca insuportável........................ 9

Tias que faleceram 4

Dentes extraídos..................................... 3

Menino que engoliu alfinete 1

Desejando a melhora de todos, exceto das quatro tias falecidas, para as quais peço a Deus um bom lugar no céu, agradeço a lembrança e prometo jamais aceitar homenagem igual. Pois, ao que sei, dia de jantar em homenagem a amigos é sempre dia de tragédia e dor para os colegas.

O TRANSPLANTADO

· · · ·

*S*ei que é difícil de acreditar, mas, se hoje estou vivo e cheio de saúde, é porque tenho a sorte de estar vivendo na era dos transplantes. Sou um transplantado. Já transplantaram tudo dentro de mim.

Antes eu me chamava José Ferreira. Mas, agora, em homenagem àqueles que me cederam partes de seus corpos, atendo pelo nome de José Ferreira de Almeida Batista Antunes Aragão Miranda Souza Queiroz e Albu-

• O PESCOÇO DA GIRAFA

querque. Sou Ferreira por parte de pai, Souza por parte de rim, Batista por parte de coração e Queiroz por parte de pâncreas. Minhas duas orelhas, uma é Silva, outra é Matias e ainda tenho um umbigo Albuquerque.

É difícil viver com tantos transplantes. Ainda ontem, um deputado, meu conhecido, ficou feliz quando me viu na rua:

"Ferreira, você por aqui? É uma honra apertar a mão de um Ferreira!"

E eu tive de dizer:

"De um Ferreira, não. Você está apertando a mão de um Vasconcelos" — porque a minha mão direita é Vasconcelos e a esquerda é Miranda.

Na semana passada, Marina, uma antiga namorada, me viu num ponto de ônibus e fez a maior festa:

"Ferreira, que saudade! Deixa eu beijar teus lábios!"

E eu:

"Que lábios, Marina? Ferreira não tem mais lábios. Ambos são transplantados: o de cima é Fonseca, o de baixo é Bittencourt!"

Foi quando apareceu uma velhinha minha vizinha, que, me vendo com ares de cansado, recomendou-me sentar no banco da praça para descansar. Eu não queria, mas ela insistiu:

"Senta, seu Ferreira! Senta um pouco!"

Tive de explicar-lhe:

"Vou sentar, mas só porque a senhora está pedindo. Mas quem vai sentar não é o Ferreira, é o Pimentel."

Acontece que me sentei de mau jeito e dei um grito.

"O senhor se machucou, seu Ferreira?", ela perguntou.

"O Ferreira não, minha senhora. Quem se machucou foi o Bonifácio", respondi.

A velha estranhou:

"O Bonifácio, seu Ferreira?"

E eu, didático:

"Transplantaram tudo, vovó."

O OVO

· · · ·

O ovo foi o começo de tudo, afirmam os biólogos. Deram-lhe o nome de ovo porque, como qualquer um pode observar, o ovo tem uma forma nitidamente oval. E por que o ovo tem essa forma nitidamente oval? Porque, se observarmos o feitio anatômico de uma galinha, logo veremos que o ovo não poderia ter, de modo algum, a forma de um cubo, de uma estrela ou mesmo de uma pirâmide — fato, aliás, que as galinhas agradecem. Passando a mão sobre a casca de um ovo, sentimos uma superfície lisa, sem nenhuma saliência, sem nenhuma aspereza, e isso mais uma vez evita o desconforto da galinha.

Mas aí veio a dúvida: quem apareceu primeiro, o ovo ou a galinha? Uma dúvida completamente desarrazoada, porque quem se der ao trabalho de ficar de plantão num galinheiro verá que só depois de a galinha chegar é que surge o ovo. Há, contudo, conservadores empedernidos que garantem que quem nasceu primeiro foi o ovo, e que só depois é que vieram as fritadas, as maioneses e os ovos pochês.

Sob o ponto de vista nutritivo, o ovo contém proteína, colesterol e, principalmente, pinto. O impressionante é que, do ovo, aproveita-se tudo, inclusive a casca, para se jogar no lixo. O ovo pode ser conservado durante muito tempo em qualquer lugar, menos dentro da galinha, por ser ele o seu único produto de exportação. Dizem que realmente existiu uma galinha que botava ovos de ouro. Mas a cobiça humana a destruiu. Conhecendo o famoso ditado de que não se deve contar com o ovo no cu da galinha, alguns apressadinhos não entenderam o espírito da coisa e abriram a fabulosa ave para recolher logo a produção. Resultado: os ovos ainda não estavam prontos e a galinha morreu. Sabendo disso, nenhuma galinha voltou a botar ovos de ouro, limitando-se a esses ovos corriqueiros, que não valem mais que alguns centavos a dúzia.

EVOÉ!
· · · ·

*F*oi num distante Carnaval, no tempo em que o Brasil ainda era o que é hoje. Filho de mãe desconhecida e pai desconhecidíssimo, só se orgulhava de uma coisa: seu nome, que ele dizia conhecido no Brasil inteiro. Chamava-se Zé.

Brasileiro, seu sangue era aquele coquetel das três raças: negra, índia e branca. Ou seja, uma mistura de Benedita da Silva, cacique Juruna e *seu* Manuel. Negro retinto, de pele mais chegada ao bigode do Sarney do que à asa da graúna, era tocador de surdo na bateria da escola de samba. Batia com tanta garra que até mesmo um surdo que estivesse por perto era capaz de ouvir. Todos os anos, nota dez certa no desfile.

Mas nem tudo são flores (frase que os gramáticos gostam de citar como exemplo de concordância correta). Numa noite chuvosa, depois de um ensaio, na descida do morro, um tropeço do Zé levou-o ribanceira abaixo, do que resultou uma fratura exposta da sua perna direita. Levado ao pronto-socorro, foi imediatamente atendido por um ginecologista, único médico de plantão no hospital. O qual, para cortar conversa, cortou logo a perna do Zé e, aí, começaram os problemas.

Na hora da operação, quando o ginecologista começou a examinar-lhe as pernas, o Zé, com medo de que ele lhe amputasse a perna errada, gritou um picilone com todas as forças:

— Doutor, amputa a que partiu!

Depois que o médico amputou a perna do Zé, apresentou-se um problema: o que fazer com aquela perna solta em cima da mesa? Não podia ser sumariamente atirada na lata de lixo, porque a lei não permitia. Teria de ser sepultada, como qualquer pedaço nobre do corpo humano.

O PESCOÇO DA GIRAFA

E, em respeito à lei, ela foi levada para a capela, onde se montou um velório muito simples: um pequeno caixão, poucas flores e meia dúzia de velas, dessas de aniversário, que o conteúdo era pouco. Tudo ia mais ou menos bem, porque o Zé, apesar de desfalcado, continuava vivo. E então chegou o padre para encomendar a perna.

Chegou e, olhando para o tamanho do caixão, perguntou o nome do anão. Quando soube que era apenas uma perna, não quis realizar o ato. Explicou, baseando-se em não se sabe qual tratado de anatomia, que um corpo sem uma perna continua sendo um corpo, mas uma perna sem o corpo deixa de ser um corpo.

Pressionado pelos amigos e parentes do amputado — os quais lotavam a capela, produzindo uma das maiores rendas para o rapaz dos sanduíches e refrigerantes —, o padre cedeu, embora contrariado. A encomenda foi tão rápida, e com um sinal-da-cruz tão ligeiro, que merecia um registro no livro *Guinness* dos recordes. Depois de um apressado pai-nosso rezado pela metade, o religioso retirou-se, não sem antes revelar a sua preocupação de a encomenda chegar ao céu e Deus não poder identificar, apenas por uma perna, a qual dos Seus filhos ela pertencia. Mas um tocador de cuíca ali presente informou que seria fácil essa identificação, porque o Zé tinha o seu nome tatuado justamente naquela coxa.

A perna foi, enfim, levada e enterrada no cemitério de um distante subúrbio. E o Zé continuou vivo e saudável até o Carnaval seguinte, em que desfilou como destaque, fantasiado de Saci-Pererê.

Mas aconteceu que, durante um conflito entre policiais que recebiam propina dos bicheiros e policiais que não recebiam propina dos traficantes, o Zé morreu atingido por uma bala perdida que, depois, foi achada dentro de sua cabeça.

Novo velório, agora definitivo, e, por coincidência, na mesma capela e com o mesmo padre que, desconfiadíssimo, examinou cuidadosamente o freguês antes de encomendá-lo. Terminados todos esses constrangimentos, foi o Zé afinal sepultado num cemitério no centro da cidade, muito distante daquele em que jazia sua perna.

Agora, quando é Dia dos Mortos, os parentes se dividem: uns vão visitar a perna no subúrbio e outros vão à cidade orar pelo resto do corpo. Amigos que freqüentam terreiros e sessões espíritas garantem que o corpo do Zé está no céu, mas que a sua perna vai continuar no inferno, pagando o preço de haver, um dia, chutado feio uma mulata que vinha a ser sua infiel namorada.

119

ESTA OBRA FOI COMPOSTA PELA GRAPH-
BOX EM BASKERVILLE E IMPRESSA PELA
GEOGRÁFICA EM OFF-SET SOBRE PAPEL
PRINT-MAX DA VOTORANTIM PARA A EDI-
TORA SCHWARCZ EM DEZEMBRO DE 1997.